Allons à la cabane à sucre!

D'où vient le sirop d'érable?

Texte de Megan Faulkner   Photographies de Wally Randall

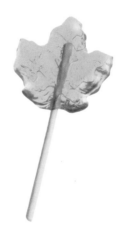

Éditions
SCHOLASTIC

Pour mes parents et mes grands-parents
— M.F.

Pour mes parents, Warren et Pat Randall,
qui ont toujours encouragé mon amour du plein air et de la photographie.
—W.R.

Photos de la couverture et de l'intérieur de Wally Randall, à l'exception des photos suivantes :
Page 23 (en bas, à gauche) : Adam Krawesky
Page 26 (en bas, à gauche) : Sandy Flat Sugar Bush, Warkworth (Ontario)
Page 28 : Edward Scrope Shrapnel, *Maple Sugar Making*, image figurant dans *Upper Canada Sketches*,
en regard de la page 78, 2000 85 9376, Archives nationales du Canada, 030930-0953
Page 29 (à gauche) : Sandy Flat Sugar Bush, Warkworth (Ontario); (à droite) : Adam Krawesky

Catalogage avant publication de la Bibliothèque nationale du Canada

Faulkner, Megan
Allons à la cabane à sucre! — D'où vient le sirop d'érable?/ Megan Faulkner ;
photographies, Wally Randall ; texte français du Groupe Syntagme inc.

Traduction de: A day at the sugarbush.
ISBN 0-7791-1412-4
1. Érable à sucre—Entaillage—Ouvrages pour la jeunesse. 2. Sirop
d'érable—Ouvrages pour la jeunesse. I. Randall, Wally II. Groupe Syntagme inc. III. Titre.

SB239.M3F3814 2004   j633.6'45   C2003-905936-7

Édition publiée par les Éditions Scholastic, 175 Hillmount Road, Markham (Ontario) L6C 1Z7 CANADA.

6 5 4 3 2 1   Imprimé au Canada   04 05 06 07 08

C'est la première semaine du printemps. Les journées sont douces et les nuits sont froides. Allons à la cabane à sucre!

Nous allons apprendre
à fabriquer du sirop
et du sucre d'érable
à partir de la sève
de l'érable.

Il existe de nombreuses espèces d'érables. Dans une érablière, on retrouve surtout des érables à sucre, parce que leur sève est la plus sucrée.

La sève est le liquide qui circule à l'intérieur de l'arbre. Elle transporte les nutriments jusqu'aux feuilles, aux branches, au tronc et aux racines.

Au début du temps des sucres, on perce un trou dans le tronc des érables, et la sève commence à couler.

On enfonce dans le trou un petit tuyau de métal, appelé chalumeau. La sève coule dans un seau qui est accroché sous le chalumeau.

Nous goûtons à la sève
qui a coulé dans le seau.
C'est un peu sucré.

Puis nous dégustons celle
qui a été bouillie pour faire
du sirop. C'est *très* sucré!

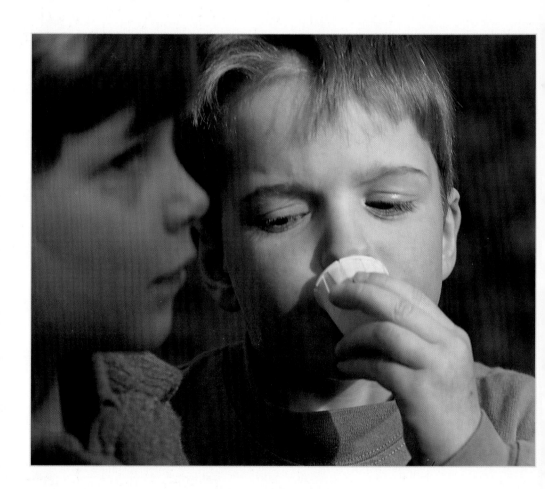

Nous voyons comment les colons transvidaient les seaux de sève dans des seaux plus grands, qu'ils accrochaient à une tige de bois appelée palanche, pour les transporter jusqu'à l'évaporateur. Nous essayons de les imiter.

Il y avait une façon plus simple de transporter la sève : on la versait dans un réservoir tiré par des chevaux.

Après avoir recueilli la sève, il faut la faire bouillir très longtemps. L'eau qu'elle contient se change en vapeur. C'est ce qu'on appelle l'évaporation.

De nos jours, un grand nombre de producteurs de sirop d'érable utilisent des tubes de plastique pour transporter la sève des arbres jusqu'à un réservoir en acier inoxydable.

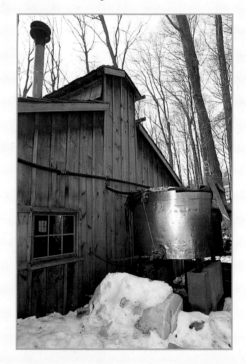

Certains producteurs installent une pompe qui aspire la sève dans les tubes.

Nous regardons la sève bouillir dans les compartiments d'une grande bassine rectangulaire à fond plat appelée évaporateur.

Nous ajoutons d'autres bûches au feu pour que la sève continue de bouillir. Elle épaissit de plus en plus.

Enfin, la sève bouillie arrive dans le dernier compartiment, appelé bassine à sirop.

Les dernières traces d'eau s'évaporent : la sève s'est transformée en sirop d'érable doré et sucré! On ouvre un robinet pour faire couler le sirop.

On filtre le sirop deux fois pour en retirer toutes les impuretés.

Les colons filtraient le sirop au moyen d'une toile à fromage.

Le sirop chaud est versé dans des bouteilles, qui sont ensuite scellées. On peut maintenant le déguster!

Pour fabriquer des bonbons à l'érable, il faut faire bouillir le sirop plus longtemps. Nous le regardons devenir très épais.

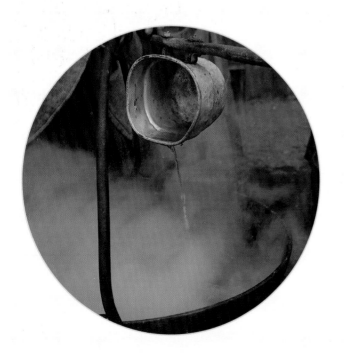

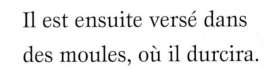

Il est ensuite versé dans des moules, où il durcira.

Si on fait bouillir le sirop encore plus longtemps, on obtient du sucre d'érable. Aux premiers temps de la colonie, les cuisinières n'avaient que le sucre d'érable pour sucrer la nourriture.

Avant notre départ, une surprise
nous attend : des crêpes au sirop
d'érable. Que c'est bon!

L'histoire du sirop d'érable

Il y a très longtemps, bien avant l'arrivée des Européens au Canada, les Autochtones qui habitaient les régions boisées de l'est du pays entaillaient les érables et en utilisaient la sève pour fabriquer du sirop et du sucre d'érable. Comment la sève a-t-elle été découverte? Selon une légende iroquoise, un garçon a vu un écureuil croquer une petite branche d'érable et lécher la sève qui en sortait. Il a imité l'écureuil et a découvert que la sève était sucrée.

Pour recueillir la sève, les Autochtones pratiquaient des entailles en forme de V dans l'écorce des érables et y inséraient des morceaux de bois ou d'écorce recourbés. C'étaient les premiers chalumeaux. La sève était recueillie dans des seaux en écorce de bouleau, des bûches creusées ou des pots de terre cuite.

Les Autochtones laissaient les contenants de sève geler pendant plusieurs nuits, puis retiraient la couche de glace. La sève contenait ainsi de moins en moins d'eau. Ensuite, à de nombreuses reprises, ils faisaient chauffer des pierres dans les braises du feu et, lorsqu'elles étaient bien chaudes, ils les plaçaient dans les contenants pour faire évaporer l'eau qui restait. Ils laissaient durcir le sucre d'érable pour former des pains et le conserver longtemps dans des moules de bois ou des contenants en écorce de bouleau.

Les Autochtones ont appris aux premiers colons arrivés dans les régions boisées de l'est du pays le secret de la fabrication du sucre d'érable. Pour faire sortir la sève de l'intérieur de l'arbre, les colons perçaient de petits trous et y inséraient des tiges creuses. Parfois, ils utilisaient des traîneaux tirés par des chevaux pour apporter les seaux de sève jusqu'à la cabane à sucre. Là, ils faisaient bouillir la sève dans de gros chaudrons en fer noir suspendus au-dessus du feu.

De nos jours, le sirop d'érable est produit en grande quantité, à l'aide d'évaporateurs, de tubes de plastique et de pompes. Mais le procédé de base consistant à entailler les érables et à en faire bouillir la sève reste le même. Les Canadiens sont fiers de produire 85 % du sirop d'érable du monde entier. De cette quantité, 90 % proviennent de la province de Québec.

Tire sur la neige

Les Autochtones qui fabriquaient du sirop d'érable ont vite découvert une délicieuse combinaison : du sirop d'érable bien chaud sur de la neige bien fraîche! De nos jours, à la cabane à sucre, surtout au Québec, c'est la tradition de verser des bandes de sirop bouillant sur de la neige propre et de les enrouler sur des bâtonnets. Une savoureuse friandise à l'érable qui fond dans la bouche!

Coupe glacée au sirop

Tu peux faire ta propre version de « tire sur la neige » à la maison. Tu n'as qu'à verser du sirop d'érable sur une boule ou deux de crème glacée à la vanille. Décore le tout avec des bonbons à l'érable, entiers ou en morceaux.
Miam miam, un délice frais et sucré!

Notes :

Page 2 : Le sirop d'érable canadien est classé selon les catégories Canada n° 1, n° 2 et n° 3. Sa couleur est classée selon cinq catégories : extra clair, clair, médium, ambré et foncé. Le sirop clair a le goût d'érable le plus délicat, et le foncé, le plus prononcé.

Page 5 : Le sirop peut aussi être fabriqué à partir de la sève de l'érable rouge, de l'érable argenté ou de l'érable noir. Mais il faut faire bouillir cette sève beaucoup plus longtemps, et le sirop qu'elle produit est plus foncé et a un goût légèrement différent.

Page 7 : Avant que l'on puisse entailler un érable, son tronc doit avoir atteint une circonférence de 80 cm, à hauteur d'homme. Lorsque le tronc atteint une circonférence de 120 cm, on peut faire deux entailles. S'il mesure 160 cm, on peut y faire trois entailles. Les arbres doivent être très gros et avoir une circonférence de 200 cm pour qu'on puisse y faire quatre entailles.

Pages 14-15 : Lorsque le terrain est en pente, la gravité permet de transporter la sève dans les tubes de plastique, jusqu'au réservoir. Toutefois, si le terrain est plat, il faut une pompe pour faire circuler la sève dans un grand réseau de tubes.

Page 19 : Il faut recueillir quarante seaux de sève et la faire bouillir pendant de nombreuses heures pour produire un seau de sirop.

Page 20 : De nos jours, les évaporateurs modernes sont dotés de filtres spéciaux qui retiennent les impuretés.

Page 22 : Les bonbons à l'érable peuvent être clairs, comme la tire, ou opaques, comme le sucre. Selon le degré de cuisson du sirop et la vitesse à laquelle il a refroidi, et selon que le sirop est brassé ou non, les bonbons peuvent prendre diverses formes… toutes aussi succulentes les unes que les autres!

Remerciements

Un merci tout spécial aux enfants de la Toronto Waldorf School qui nous ont accompagnés à la cabane à sucre, pour l'intérêt et l'enthousiasme dont ils ont fait preuve.

Nous remercions également le Kortright Centre for Conservation et la Bruce's Mill Conservation Area, qui nous ont permis de participer à leur fête de l'érable et dont le personnel bien renseigné nous a généreusement aidés.

L'auteure tient aussi à remercier David Fayle, pour ses conseils judicieux, Adam Krawesky, qui a répondu généreusement à un appel de dernière minute, et Heather Patterson, pour son aide précieuse.